Este libro está dedicado a mis hijos – Mikey, Kobe y Jojo.
Todos somos humanos, así que siempre recuerden ser amables y mostrar compasión.

Copyright © Grow Grit Press LLC. Todos los derechos reservados. Ninguna parte de este libro puede ser reproducida en ninguna forma sin el permiso por escrito de la editorial. Por favor, envíe solicitudes de pedido al por mayor a growgritpress@gmail.com
978-1-63731-370-1 Impreso y encuadernado en los Estados Unidos. NinjaLifeHacks.tv

La Ninja Inclusiva es mi mejor amiga.

Nos encanta contarnos chistes.

Compartimos los mismos maestros y practicamos los mismos deportes.

Nos encantan los mismos juegos y ver los mismos programas de televisión.

Incluso nuestro color favorito es el mismo.

Pero hay una diferencia.

Mi color de piel es marrón y el color de piel de la Ninja Inclusiva es durazno.

Después del almuerzo, salimos a jugar.

Los otros ninjas eligen equipos para un juego de pelota excepto que no me escogen.

Algunos ninjas piensan que solo porque mi color de piel es diferente, significa que no soy tan bueno como ellos.

Eso se llama racismo.

El racismo es la creencia de que una raza o color de piel en particular es mejor que otra.

Cuando la gente no es amable conmigo por mi color de piel, me pone triste.

¡Eh! Eso no está bien. Deberíamos invitar al Ninja de la Diversidad a jugar también.

En clase, la Sra. Smith les pide a todos que se separen en grupos de dos o tres para un proyecto.

Encontramos nuestros compañeros y hacemos pareja.

-Oh, la Ninja inclusiva va a ser mi compañer -dice la Ninja Hambrienta.

Miro incómodamente al suelo.

—Hoy es el Día Nacional del Arcoíris y su tarea es escribir una historia sobre los arcoíris —explica la Sra. Smith.

La Ninja Inclusiva y yo nos miramos y sonreímos porque ambos estamos pensando lo mismo.

Cuando terminemos, se lo presentamos a la clase.

Podemos ser diferentes, pero en el fondo todos somos iguales.

Todos tenemos diferentes bocas. Pero todos somos iguales porque usamos nuestras bocas para comer y sonreír. Algunos de nosotros podemos usar nuestras bocas para hablar, mientras que otros no pueden hablar en lo absoluto.

Todos hablamos diferente y podemos usar diferentes idiomas. Algunos de nosotros hablamos un idioma y otros usamos nuestras manos para hablar. Pero somos iguales porque todos usamos algún tipo de lenguaje para hablar con otros para comunicar nuestros pensamientos y sentimientos.

Nuestra piel es de diferentes colores. Pero nuestra piel es la misma porque todos la usamos para sentir cosas. Con nuestra piel podemos saber si algo está caliente, frío, húmedo o seco.

Nuestra piel cumple una función importante protegiéndonos de las bacterias. Nuestra piel regula la temperatura de nuestro cuerpo sudando cuando tenemos calor y poniéndonos la piel de gallina cuando tenemos frío.

Experimentamos sentimientos y emociones en diferentes momentos.

Vez, mira al Ninja Enojado. Está enojado.

Y la Ninja Gruñona, es gruñona.

No te olvides de la Ninja Positiva. Es siempre positiva.

Pero somos iguales porque todos experimentamos las mismas emociones – enojo, positividad, malhumor, estrés, calma, ansiedad, gratitud y confianza.

Nuestras diferencias son como los colores de un arcoíris y eso es lo que hace que los arcoíris sean tan bonitos. Ser diferente y tener diversidad es algo hermoso.

Podemos ser diferentes en nuestras habilidades, antecedentes, género o color de piel, pero todos somos parte de la raza humana.

Tu mejor arma contra el racismo y los prejuicios es practicar la diversidad y la inclusión.

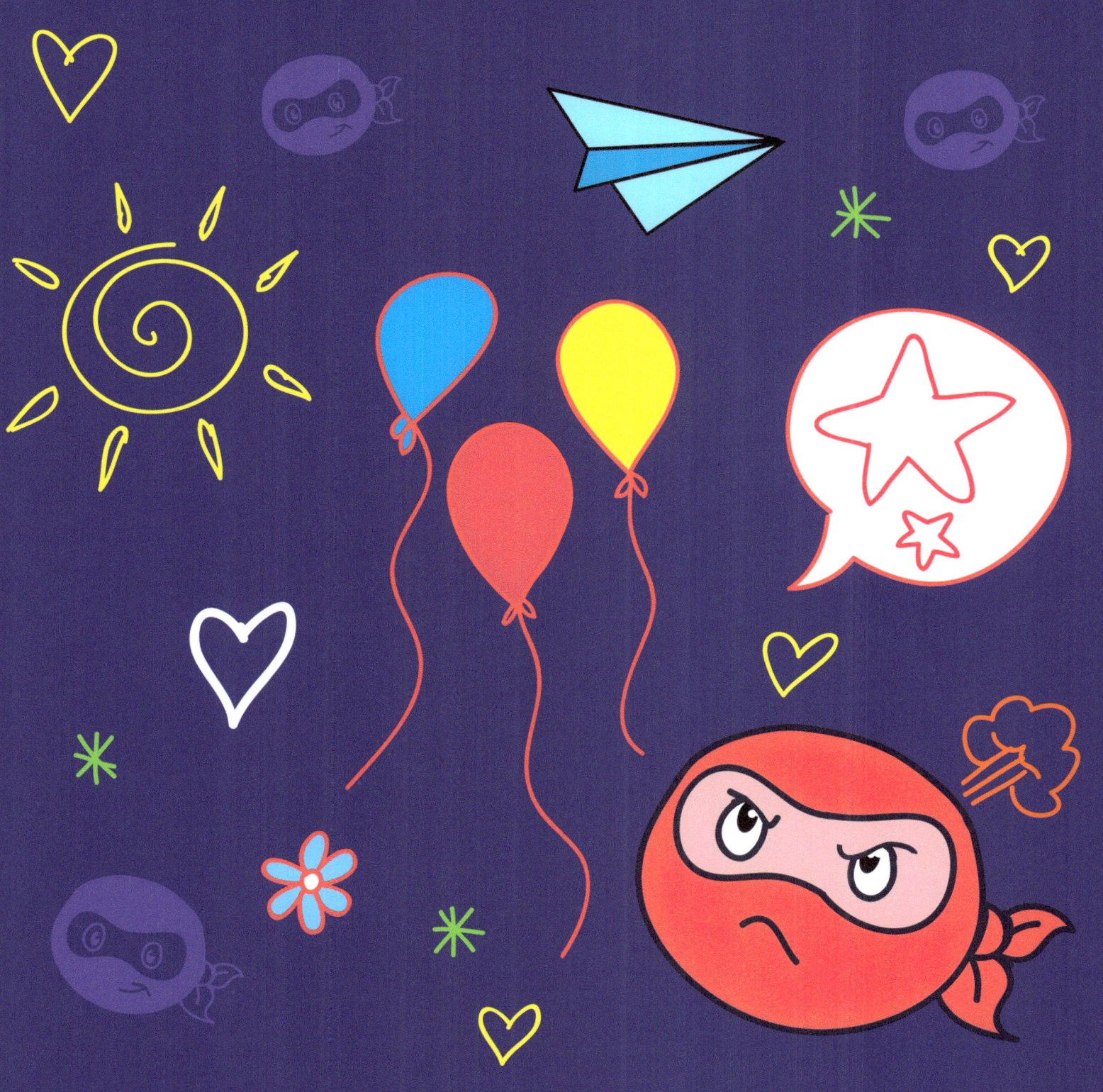

www.ingramcontent.com/pod-product-compliance
Lightning Source LLC
Chambersburg PA
CBHW040209100526
44583CB00002BA/67